Boule & Bill

Roba

DUPUIS

Couleurs : Leonardo.
D.2000/0089/84 — R.10/2005.
ISBN 2-8001-3010-5 — ISSN 0771-8802.

Cette édition rassemble par ordre chronologique des gags de :
60 Gags de Boule et Bill n°6,
Tu te rappelles, Bill?
Imprimé en France chez Pollina - n° 97989.
www.dupuis.com

Mais où sont les neiges d'antan ?

WOUPIIIE! IL A RENEIGÉ!
JE VAIS POUVOIR REPRENDRE MON OPÉRATION "PERCE-NEIGE"!
ILS M'ONT EU, LA DERNIÈRE FOIS, AVEC LEUR BONHOMME DE NEIGE, BOULE ET POUF!
ET HOP! VOILÀ LE DERNIER!
378 A
BIEN MALIN QUI LES RETROUVERA! ET ON NE PEUT RIEN ME REPROCHER, LA PELOUSE EST INTACTE!
LE LENDEMAIN MATIN.
CHÉRI! VOUDRAIS-TU ALLER CHERCHER LA BOUTEILLE QUE LE LAITIER DOIT AVOIR MISE DEHORS?
D'ACCORD, J'Y VAIS!
TIENS? IL A DÉGELÉ!... LA NEIGE EST FOND... MAIS?!
BILL! VIENS ICI!
Roba
378 B

PERSONNE ?
BON !... INTERDICTION OU PAS, 'FAUT ABSOLUMENT QUE J'ENTERRE CET OS !... C'EST MA PLUS BELLE PIÈCE !
BRRR !... CE QU'IL FAIT FROID, CE MATIN ! CREUSONS, ÇA ME RÉCHAUFFERA !
PTUH !
AÏE !
SCRRACH !
HOULAHOULA ! MES ONGLES ! HOU ! QUE ÇA FAIT MAL ! AÏEAÏE !
GELÉ !! LE SOL EST GELÉ !!... C'EST PAS DES ONGLES QU'IL ME FAUDRAIT !... C'EST UN... UN...
BAM ! BAM ! BAM !
UN CHOSE, LÀ... UN... MAIS OUI !! LA VOILÀ, LA SOLUTION !
QUOI ?
JE DIS : QU'EST-CE QU'IL A À RESTER LÀ, CE CHIEN ?
DRRRRRR

Tout flatteur...

OOH!... LE MAGNIFIQUE ANIMAL!
VIENS UN PEU ICI!... QUE JE PUISSE T'ADMIRER!
?
MMMHHMM!... REMARQUABLE!... QUEL JOLI POIL LUSTRÉ, D'UNE CHAUDE COULEUR MORDORÉE!
380 A
QU'IL EST BEAU!! QU'IL EST BEAU!! QU'IL EST BEAU!!
ENFIN!
N'Y PENSONS PLUS!
IL EST BIEN GENTIL, CE MONSIEUR!
UN CONNAISSEUR, SANS DOUTE!!
I. LEMPAILLE TAXIDERMISTE
tous les vertébrés
I. LEMPAILLE
2105 XF
DOMMAGE!
SC: GOOSSENS.
380 B.

Histoire à rebondissements...

TIENS, BILL !... JE T'AI ACHETÉ UN BEL OS !... HOP! ATTRAPE-LE!
GAW!
GAW!
GAW!
IL FAIT DES BONDS. IL FAIT DES BONDS... HA! HAHA!HA!
GAW!
GAW!
381 A
GAW!
HA!HA!HOHO! HAHAHA!!
GAW
BOM!
BLAF!
GAW!
ON DEVRAIT INTERDIRE LA VENTE ET SURTOUT **L'ACHAT** DE CES OS EN SUPER-SUPER-CAOUTCHOUC !
Roba
381 B.

Baisse un peu la bajoue !

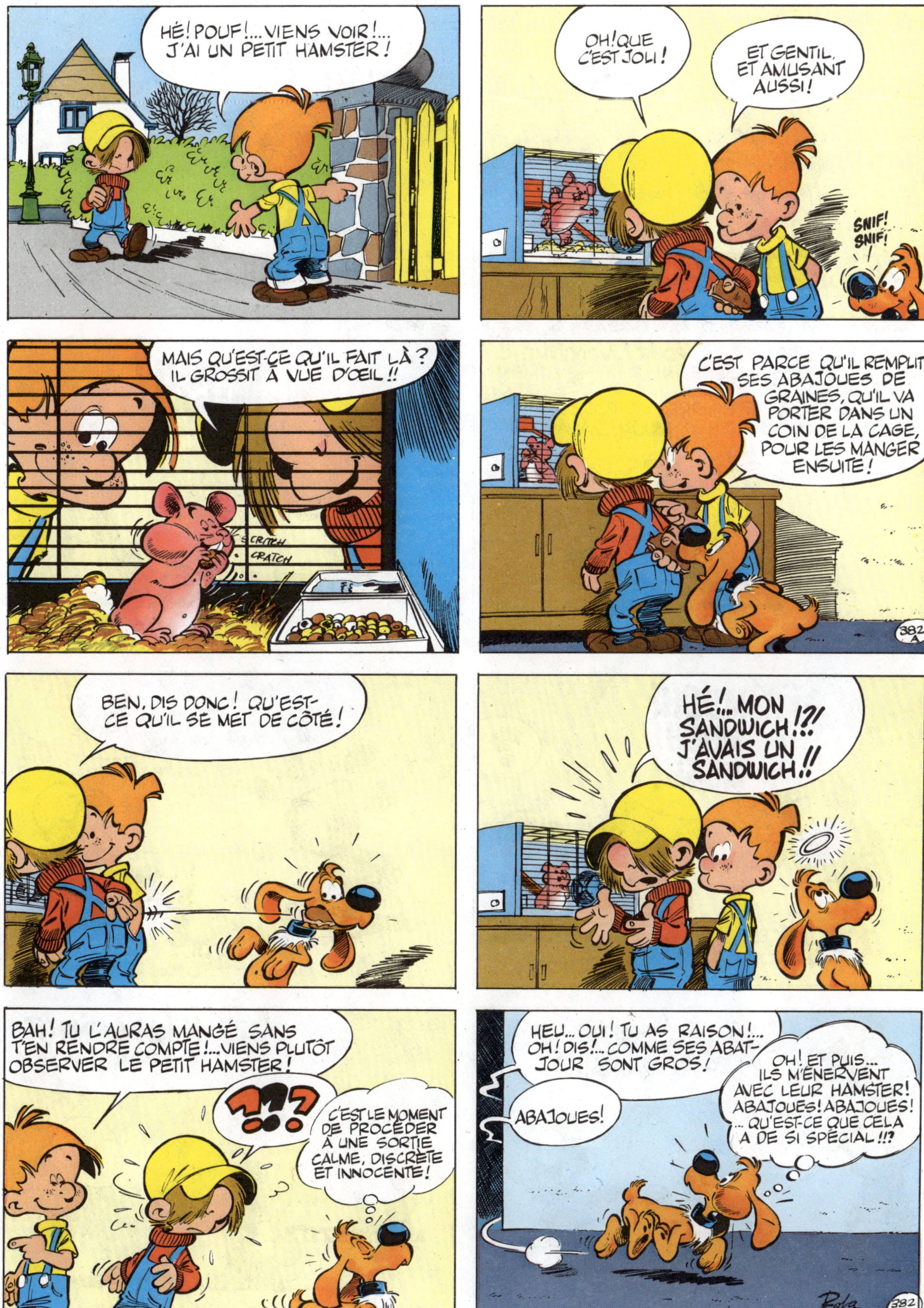
HÉ! POUF!... VIENS VOIR!... J'AI UN PETIT HAMSTER!
OH! QUE C'EST JOLI!
ET GENTIL, ET AMUSANT AUSSI!
SNIF! SNIF!
MAIS QU'EST-CE QU'IL FAIT LÀ? IL GROSSIT À VUE D'OEIL!!
SCRITCH
CRATCH
C'EST PARCE QU'IL REMPLIT SES ABAJOUES DE GRAINES, QU'IL VA PORTER DANS UN COIN DE LA CAGE, POUR LES MANGER ENSUITE!
382 A
BEN, DIS DONC! QU'EST-CE QU'IL SE MET DE CÔTÉ!
HÉ!.. MON SANDWICH!?! J'AVAIS UN SANDWICH!!
BAH! TU L'AURAS MANGÉ SANS T'EN RENDRE COMPTE!... VIENS PLUTÔT OBSERVER LE PETIT HAMSTER!
???
C'EST LE MOMENT DE PROCÉDER À UNE SORTIE CALME, DISCRÈTE ET INNOCENTE!
HEU... OUI! TU AS RAISON!... OH! DIS!... COMME SES ABAT-JOUR SONT GROS!
ABAJOUES!
OH! ET PUIS... ILS M'ÉNERVENT AVEC LEUR HAMSTER! ABAJOUES! ABAJOUES! ... QU'EST-CE QUE CELA A DE SI SPÉCIAL!!?
Roba
382 B.

La "mush" du coche

VAS-Y... MUSH! (1)
EH BIEN ?!?... J'AI DIT : MUSH!
(1) CRI EMPLOYÉ DANS LE GRAND NORD POUR FAIRE AVANCER LES ATTELAGES DE CHIENS.
ÉCOUTE-MOI BIEN, BILL!... POUR LA DIXIÈME FOIS!... JE SUIS AMUNDSEN!... TU ES MON CHIEN DE TRAÎNEAU DE TÊTE... IL Y A ENCORE 500 Km À FAIRE POUR ATTEINDRE LE PÔLE. ALORS QUAND JE DIS : "MUSH!"... AVANCE!!
MUSH!
383 A
MUSH! MUSH! MUSH!
?
HAHAHAHA! C'EST TROP DRÔLE!
ON DIRAIT AMUNDSEN TOMBÉ EN PANNE À 500 Km DU PÔLE! HA!HA!HA!
MMMMMMMMH!? MMMMMMMH!? (2)
(2) MAIS QU'EST-CE QUE J'AI DIT ? MAIS QU'EST-CE QUE J'AI DIT ?
383 B

Pôle d'attraction

ET MAINTENANT, NE FAIS PLUS LA MAUVAISE TÊTE DE TRAÎNEAU ! EN ROUTE POUR LE PÔLE ! MUSH !
ET ALLEZ DONC !... ON REMET ÇA !
AU PÔLE, J'AI DIT !!
BOUHOUHOUUU ! ON N'Y ARRIVERA JAMAIS, AU PÔLE !!
AU PÔLE, AU PÔLE, AU PÔLE... AU PÔLE ?!?
HÉ ?!?
IL FALLAIT LE DIRE TOUT DE SUITE !
384 A
ARRÊTE !
?
!
BILL !
AU PÔLE
GLACIER - PÂTISSIER
CLONG !
384 B

Icedog

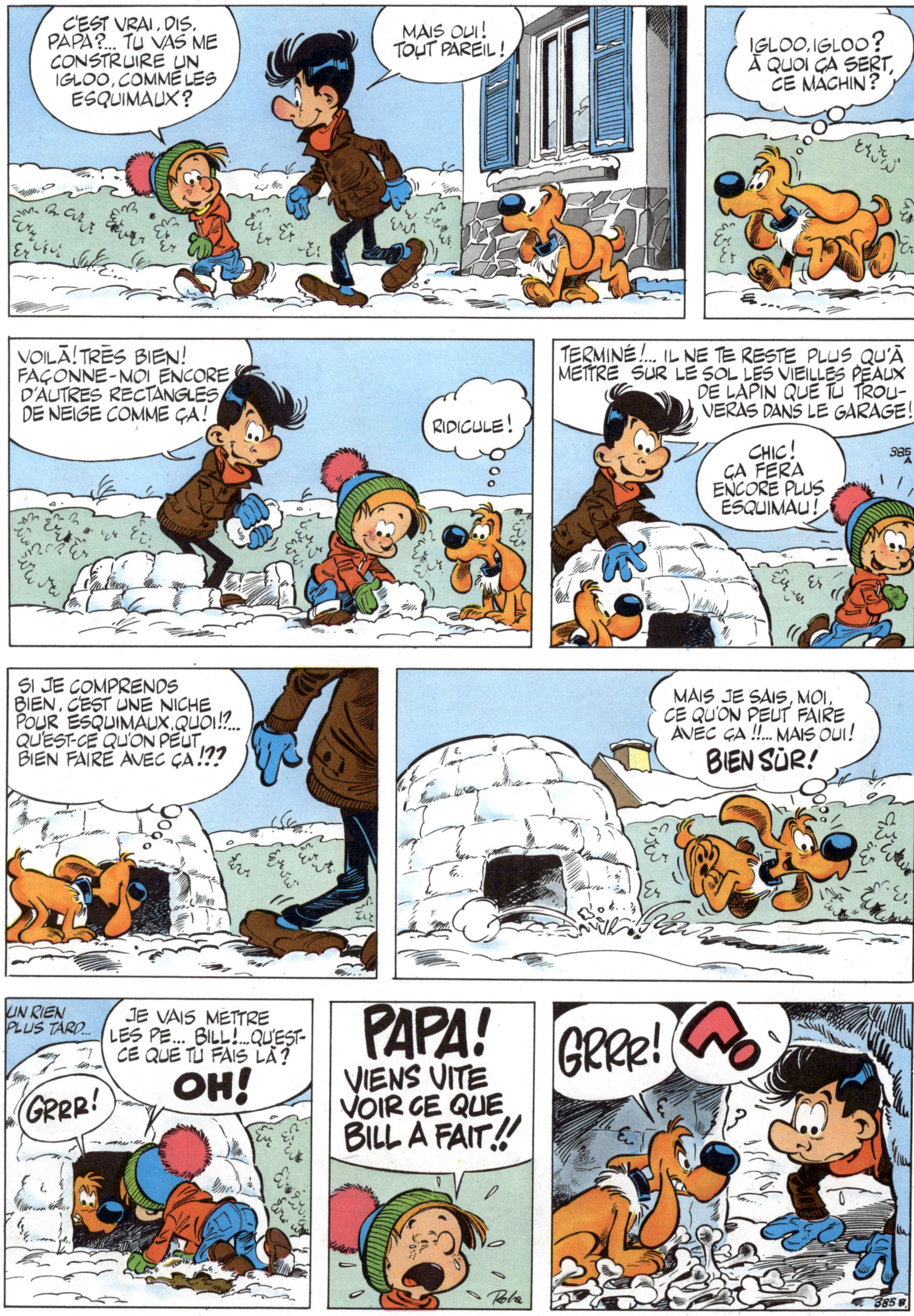

C'EST VRAI, DIS, PAPA?... TU VAS ME CONSTRUIRE UN IGLOO, COMME LES ESQUIMAUX?
MAIS OUI! TOUT PAREIL!
IGLOO, IGLOO? À QUOI ÇA SERT, CE MACHIN?
VOILÀ! TRÈS BIEN! FAÇONNE-MOI ENCORE D'AUTRES RECTANGLES DE NEIGE COMME ÇA!
RIDICULE!
TERMINÉ!... IL NE TE RESTE PLUS QU'À METTRE SUR LE SOL LES VIEILLES PEAUX DE LAPIN QUE TU TROUVERAS DANS LE GARAGE!
CHIC! ÇA FERA ENCORE PLUS ESQUIMAU!
385 A
SI JE COMPRENDS BIEN, C'EST UNE NICHE POUR ESQUIMAUX, QUOI!?... QU'EST-CE QU'ON PEUT BIEN FAIRE AVEC ÇA!??
MAIS JE SAIS, MOI, CE QU'ON PEUT FAIRE AVEC ÇA!!... MAIS OUI! BIEN SÛR!
UN RIEN PLUS TARD...
JE VAIS METTRE LES PE... BILL!... QU'EST-CE QUE TU FAIS LÀ? OH!
GRRR!
PAPA! VIENS VITE VOIR CE QUE BILL A FAIT!!
Roba
GRRR!
385 B.

À suivre

!
SNIF!
EH BIEN, BILL ? QU'EST-CE QUI TE PREND ?
SNIF SNIF
POURQUOI QU'IL SUIT CE BONHOMME, TON CHIEN ?
IL AURA FLAIRÉ QUELQUE CHOSE DE LOUCHE ! SUIVONS-LE !
CAFÉ
SNIF
COMMENT ÇA, QUELQUE CHOSE DE LOUCHE ?
J'SAIS PAS, MOI !... UN BANDIT, PEUT-ÊTRE !?
LES CHIENS ONT UN FLAIR TERRIBLE POUR DÉPISTER LES INDIVIDUS LOUCHES !
BONSOIR, M'SIEUR ERNEST !... TIENS ? VOUS AVEZ UN CHIEN ?
?
BOUCHERIE ERNEST
!
STELLA

Il y a un os !

♪ POM, POM POMPOM ♫
DRRIING! DRRIING!
JE VAIS TE M'ENTERRER CE PRÉCIEUX OS!
'TENTIONNN!!... C'EST LE RECORD DE L'HEURE!
ZOU!
ALORS?!?! ON SE CROIT AU VÉLODROME?!
ZOU!
387 A
JE L'AI TOUT DE MÊME ENTERRÉ, NA!
DRRINGDRING! DRRING!
GARE! REVOILÀ LE CHAMPION!
CLANG!
JE NE SAIS PAS S'IL A LE RECORD DE L'HEURE, MAIS LE RECORD CYCLISTE DE DISTANCE SANS TOUCHER LE SOL EST BATTU!
Roba
387 B.

Et qu' ça saute !

VOILÀ ! ON VA POUVOIR FAIRE DU SAUT EN HAUTEUR !
HOP !
BLAF !
HAHA !... RATÉ À TON PREMIER ESSAI !... À MOI !...
ET... HOP !
BOM !
388 A
HÉ, BILL ?!... TU VAS SAUTER AUSSI ?!?
ON VA RIRE !... CHAQUE FOIS QU'IL A VOULU FAIRE ÇA, IL S'EST EMBERLIFICOTÉ LES OREILLES ET... HAHA !... CELA S'EST TERMINÉ PAR UNE CATASTROPHE ! HI ! HI ! HI !
BILL, SI TU FAIS UN BEAU SAUT, JE T'OFFRE UN SUCR...
?
HOP !
TIENS, PRENDS TOUT LE SUCRIER !
J'AI UN ONCLE QUI A DES POISSONS ROUGES... AU FOND, IL EST HEUREUX, CET HOMME-LÀ !
388 B.

Dépannage

TAP
TAP
!
CRAC!
OUINN!
OH!... J'AI CASSÉ TON BEAU JOUET!... C'EST DE MA FAUTE, J'AURAIS DÛ FAIRE ATTENTION EN ARRIVANT AU COIN!
OUIN
ÉCOUTE. SI TU VEUX, JE PEUX ESSAYER DE LE FAIRE RÉPARER. HEIN? D'ACCORD?
389 A
BON, JE VAIS PORTER ÇA À PAPA!... C'EST UN AS, IL AURA VITE FAIT DE LE RÉPARER!
OUINN!
MAIS ARRÊTE DE PLEURER, PUISQUE JE TE DIS QUE MON PAPA VA T'ARRANGER ÇA!
OUINN
RIEN À FAIRE!
OUIN
QUOI?!
PLUS TARD...
VOILÀ... PAPA A DIT QU'IL AURAIT TERMINÉ LA RÉPARATION DANS UNE HEURE... ALORS PRENDS PATIENCE ET FAIS BONNE FIGURE!... L'IMPORTANT, C'EST QU'IL NE PLEURE PLUS!
DING! DING! DING!
Roba
389 B.

Que d'os ! Que d'os !

AVIS
WAOUW!
ENCORE ?
C'EST PAS VRAI !... C'EST PAS VRAI !!
390A
ET CE N'EST PAS FINI !
JAMAIS AUCUN CHIEN N'AURA SUIVI UNE PISTE AUSSI AGRÉABLE !
... UN MINIMUM DE BLABLA, UN MAXIMUM DE VÉRITÉ, M'SIEURS DAMES !... VOUS AVEZ VU ?... MÊME UN EXPERT S'Y TROMPE !... AVEC L'OS PLUS VRAI QUE LE VRAI, PARFUMÉ À L'ANIS ! DES ANNÉES DE JOIE POUR VOS TOUTOUS !
?
Roba
390B.

Bête à pleurer

SNIF! SNIF!
SORTIE
CHUT!
CHUT!
BOUHOUUH!
MAIS QU'EST-CE QUE TU AS?
BOUHOUUWOUUH!
AH, LÀ LÀ!
BILL! VAS-TU TE TAIRE!
SILENCE!
CHUT!
AH, NON!
CHUT!
391 A
MAIS ENFIN!
BILL! VOYONS!
WAOUUH!
MAIS QUE L'ON SORTE CE CHIEN!
C'EST INOUÏ!
CHUT!
C'EST PAS TROP TÔT!
BWOUUH!
TOI, JE TE RETIENS! J'AI DÉJÀ EU TOUTES LES PEINES DU MONDE À TE FAIRE ENTRER... BRAVO!
OH! LA BARBE!
À LA NICHE, LE CHIEN!
CHUT!
POIGNANT
ATTENDRISSANT
ÉMOUVANT
EN TOUT CAS, NE COMPTE PLUS SUR MOI POUR T'EMMENER AU CINÉMA!
BEUUH!
C'EST TROP TRISTE!! J'Y PEUX RIEN, MOI, SI JE SUIS UN SENTIMENTAL!
aujourd'hui
LA VIE HÉROÏQUE ET LA FIN TRAGIQUE DE
BARRY
CHIEN DE MONTAGNE
CAISSE
Roba
SCÉNARIO: M.
391 B

À ne pas mettre un chien dehors

AAH! QU'IL EST BON D'ÊTRE CHEZ SOI QUAND IL FAIT AUSSI EXÉCRABLE DEHORS!
HMMMH... QU'ON EST BIEN!
PAPA!
HMM?! QUOI?
IL Y A MAMAN QUI A DIT COMME ÇA QUE JE TE DISE QUE TU DOIS SORTIR LE CHIEN, PARCE QU'IL Y A UNE HEURE QU'IL N'EST PLUS SORTI ET QUE...
!
ET POURQUOI, S'IL VOUS PLAÎT, EST-CE AU PAUVRE-PAPA-RENTRANT-FOURBU-DE-SON-TRAVAIL QUE L'ON DEMANDE ÇA, ALORS QU'IL Y A ICI DEVANT MOI, UN PETIT BONHOMME QUI POURRAIT TRÈS BIEN LE FAIRE?... MMMH? POURQUOI?
PARCE QUE JE DOIS FAIRE MES DEVOIRS, ET QUE MON PETIT-PAPA-FOURBU M'A TOUJOURS DIT QUE LES DEVOIRS PASSAIENT AVANT TOUT!
ÇA VA, J'AI COMPRIS!
ALORS COMME ÇA, MÔSSIEUR DOIT SORTIR?! MÔSSIEUR NE PEUT PAS ATTENDRE?
ET EN PLEIN DÉLUGE! AH! IL A CHOISI SON MOMENT!
HAHA! TU N'AIMES PAS LA PLUIE, HEIN? MOI NON PLUS!! ALLEZ, VIENS!
VAS-TU VENIR, OUI, À LA FIN?!
WAOUU!
VIENS, BILL, VIENS, MON TRÉSOR!... MAIS ENFIN, TU VOIS BIEN QUE LA PETITE BÊTE N'AIME PAS SORTIR PAR CE TEMPS-LÀ!... VIENS, MON CHÉRI, C'EST UN GRAND MÉCHANT!
KAÏ!

Saint-Bernard à l'air miteux

AH! BEN, ÇA! C'EST LA MEILLEURE!
WAWAWA!
ILS NE DOUTENT DE RIEN, CEUX-LÀ!
SE FAIRE ACCOMPAGNER D'UN COCKER EN MONTAGNE... ON AURA TOUT VU!
S'ILS COMPTENT SUR LUI POUR LES SAUVER!.. WA! WA! WA! WA! C'EST TROP DRÔLE!
BOUF!
IL COMMENCE À M'ÉNERVER, CE GROS INDIGÈNE!
393 A
ON DEVRAIT INTERDIRE LES COCKERS EN MONTAGNE... ILS DÉCLENCHENT DES AVALANCHES... DE RIRE! WA! WA! WA!
BLOUF!
?!!
SNIF!
SNIF!
C'EST PAS VRAI!... J'OSE PAS Y CROIRE!... CE SERAIT TROP BEAU!
?
?
PLUS TARD
C'EST UN SAINT-BERNARD QUI FAIT L'ERMITE!... WA! WA! WA!
HÉ BIEN!... HEUREUSEMENT QUE BILL L'A DÉGAGÉ!
Roba
393 B
SC: J.M.B.

Au voleur !

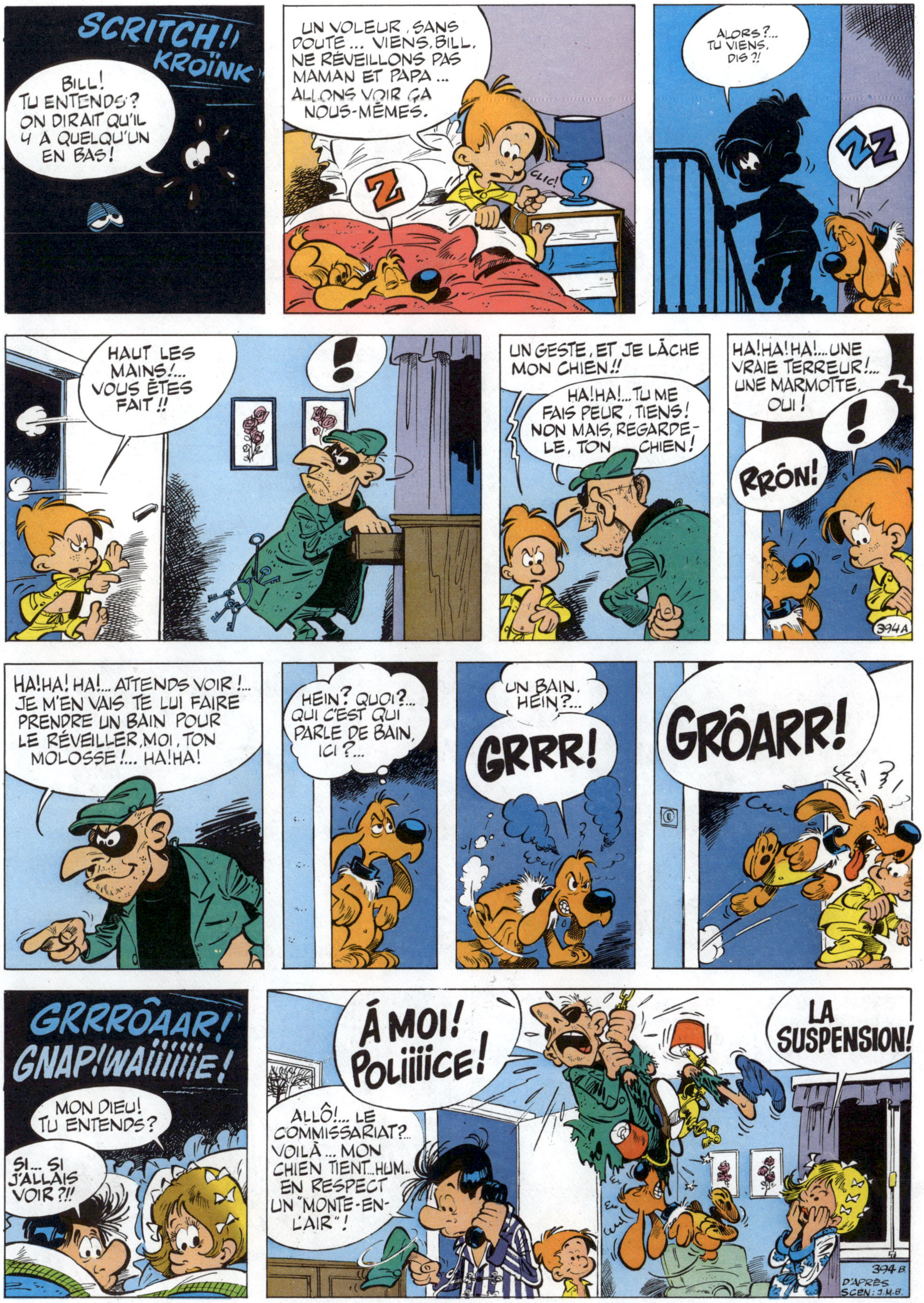

SCRITCH!! KROÏNK
BILL! TU ENTENDS? ON DIRAIT QU'IL Y A QUELQU'UN EN BAS!
UN VOLEUR, SANS DOUTE... VIENS, BILL, NE RÉVEILLONS PAS MAMAN ET PAPA... ALLONS VOIR ÇA NOUS-MÊMES.
Z
CLIC!
ALORS?... TU VIENS, DIS?!
ZZ
HAUT LES MAINS!... VOUS ÊTES FAIT!!
!
UN GESTE, ET JE LÂCHE MON CHIEN!!
HA!HA!... TU ME FAIS PEUR, TIENS! NON MAIS, REGARDE-LE, TON CHIEN!
HA!HA!HA!... UNE VRAIE TERREUR!... UNE MARMOTTE, OUI!
!
RRÔN!
394 A
HA!HA! HA!... ATTENDS VOIR!... JE M'EN VAIS TE LUI FAIRE PRENDRE UN BAIN POUR LE RÉVEILLER, MOI, TON MOLOSSE!... HA!HA!
HEIN? QUOI?... QUI C'EST QUI PARLE DE BAIN, ICI?...
UN BAIN, HEIN?...
GRRR!
GRÔARR!
GRRRRÔAAR! GNAP! WAIIIIIIE!
MON DIEU! TU ENTENDS?
SI... SI J'ALLAIS VOIR?!!
Á MOI! POLIIIICE!
LA SUSPENSION!
ALLÔ!... LE COMMISSARIAT?... VOILÀ... MON CHIEN TIENT... HUM... EN RESPECT UN "MONTE-EN-L'AIR"!
394 B.
D'APRÈS SCEN: J.M.B.

Les mauvais comptes...

AH !... VIENS, BILL ! J'AI UNE IDÉE FORMIDABLE !... JE VAIS TE LA DIRE !
?
VOILÀ... JE VAIS T'APPRENDRE À COMPTER !... MAIS OUI ! COMME LES CHIENS SAVANTS QUE L'ON VOIT AU CIRQUE !
C'EST PAS DIFFICILE. REGARDE... 2+2 = 4... JE FRAPPE 4 FOIS LE SOL DU PIED !
BAM BAM BAM BAM
TU AS COMPRIS ?... QUAND JE TE DIS : 2+2... TU TAPES 4 FOIS SUR LE SOL AVEC TA PATTE !... 1+1 = 2, TU TAPES DEUX FOIS, ET AINSI DE SUITE !...
RIEN QUE ÇA !
395A
BON ! ESSAYONS... 2+2 ?
BAM BAM BAM BAM BAM BAM
MAIS NON ! MAIS NON ! 2+2=4 !... QUATRE ! PAS SIX !... ALORS ? 2+2=?
BAM ! BAM BAM BAM BAM BAM BAM BAM BAM BAM BAM BAM BAM BAM BAM BAM !
OOOOH !
JE VOIS !... TU NE SERAS JAMAIS UN CHIEN SAVANT, ET JE SAIS CE QU'IL ME RESTE À FAIRE !... NE BOUGE PAS DE LÀ, JE REVIENS !
PLUS TARD...
EH BIEN, BILL ? QU'EST-CE QUI T'ARRIVE ?
TROP LONG À VOUS EXPLIQUER !
Roba
395 B.

... font les mauvais amis !

...18...19...20!... DIX ET DIX : VINGT !... BRAVO ! CETTE FOIS, TU AS COMPRIS !
...BAM! BAM! BAM!
?
POUH!... IL EST COMIQUE, TON TOUTOU !... C'EST QUELLE RACE ?... TU LUI APPRENDS DES TOURS?
C'EST UN COCKER, MADAME, ET JE LUI APPRENDS À COMPTER.
TOUTOU!!
POUH!... UN TOUTOU COMPTEUR !... JE VOUDRAIS BIEN VOIR ÇA !... POURRAIT-IL CALCULER MON ÂGE ?... SI OUI, TU AURAS UN CHOCOLAT !... POUR T'AIDER, JE TE DIRAI QUE J'AI... HEU... DEUX FOIS DIX PRINTEMPS. POUH !
COMIQUE!
HIHIHI!... C'EST FACILE... TU SAIS BIEN : DIX PLUS DIX !... LE CHOCOLAT EST DANS LA POCHE !
TOUTOU COMIQUE!
VAS-Y, BILL... QUEL ÂGE A MADAME?
TOUTOU COMIQUE, HEIN ?!
396 A.
BAM! BAM! BAM! BAM!
...17... 18... 19... 20 !!...
...BAM! BAM! BAM! BAM!
!
...BAM! BAM! BAM! BAM! BAM!...
!
...BAM! BAM! BAM! BAM! BAM! BAM! BAM!
AH! BRAVO... MERCI POUR MON CHOCOLAT ! DEPUIS QUAND DEUX FOIS DIX FONT 76 ?!
MALAPPRIS ! GOUJAT ! GROSSIER PERSONNAGE !
BAM! BAM! BAM!
Roba
396 B.

Banc public

TIENS, MA POUPETTE!
VOILÀ, MON BRAVE!
MERCI, M'DAME!
choco glaces
C'EST BON, MA POUPETTE?.. MANGE BIEN, MA POUPETTE!... SINON IL Y A UN VILAIN CHIEN, LÀ, QUI VA MANGER LA GLAGLACE DE MA POUPETTE!... IL N'A PAS DE GLAGLACE, LE VILAIN CHIEN!... C'EST PARCE QU'IL EST TROP MÉCHANT ET QU'IL N'A PAS UNE MAMY QUI LUI PAIE DE BONNES GLAGLACES, LE VILAIN MÉCHANT CHIEN!...
MIAM! SLURP! MIOM!
397 A
WOUUUUUU!
JE VEUX AUSSI UNE GLAGLACE, MOI!
BON! ATTENDS-MOI LÀ... JE REVIENS TOUT DE SUITE!
HOUU!... ÉCOUTE, POUPETTE, LE MÉCHANT CHIEN QUI PLEURE... C'EST PAS COMME MA POUPETTE. ELLE EST GENTILLE, MA POUPETTE! ELLE RECEVRA ENCORE BEAUCOUP DE GLAGLACES!... ET RIEN POUR LE VILAIN CHIEN... OH, NON!... TOUT POUR MA POUPETTE, HEIN, MON TRÉSOR?!
MIAM! SLURP
PEU APRÈS...
ET UNE SAUCISSE CHAUDE QUI VA BIEN!
ET DEUX GAUFRES!
JE LUI SERS UNE TRANCHE NAPOLITAINE APRÈS LE "PARFAIT"?
SERVEZ À MON TRÉSOR TOUT CE QU'IL DÉSIRE!... C'EST UN GENTIL CHIEN-CHIEN, MON TRÉSOR!... C'EST LE GÂTÉ DE SON PAPA!...
MIAM
MIOM!
MIAM
CRUNCH
JE VEUX AUSSI TOUT ÇA, MOI!
ET TROIS CORNETS DE FRITES! TROIS!
WOUUU!
CHOCO
D'APRÈS SC.: J.M.B.
Roba
397 B

Petit avion deviendra grand

ICI, NOUS SOMMES ASSEZ LOIN DE LA VILLE... C'EST L'ENDROIT IDÉAL POUR FAIRE VOLER MON AVION. ATTENDS, JE REMONTE L'HÉLICE...
HOP!
VRRRRT!
AÏEAÏE!... IL EST PARTI POUR ALLER LOIN!... BEAUCOUP TROP LOIN!
398 A.
SUIS-LE, BILL! ATTRAPE LE PETIT AVION! ATTRAPE!
ATTRAPE... ATTRAPE... JE NE SUIS PAS UN OISEAU, MOI!
ZUT! IL DESCEND DERRIÈRE CE MUR... OH! MAIS IL Y A MOYEN DE PASSER PAR-DESSOUS!
OUF!... ENFIN, IL SE POSE SUR CETTE ROUTE. ALLONS-Y!... RIEN À DROITE...
...RIEN À G...
KAÏ!
VROAARRR
Roba
398 B.

L'affaire du collier

TIENS! SALUT, TATACHE! ÇA VA?
SALUT, BILL! OÙ COURS-TU COMME ÇA?
J'AI RENDEZ-VOUS AVEC POPI. TU SAIS, LE CANICHE DU RESTAURANT ITALIEN... IL Y A DES "OSSO BUCCO" À TERMINER!
OH! DIS DONC! JE PEUX VENIR AUSSI?
ÉCOUTE, MOI, JE VEUX BIEN, MAIS... TU CONNAIS POPI, TRÈS À CHEVAL SUR L'ÉTIQUETTE... ET... HEU... TON ASPECT...
BEN, QUOI? QU'EST-CE QU'IL A, MON ASPECT?
399 A
BEN, C'EST PARCE QUE TU N'AS PAS DE COLLIER... TU COMPRENDS, LE COLLIER, C'EST NOTRE CRAVATE À NOUS!... ET LA CRAVATE EST DE RIGUEUR POUR ALLER MANGER CHEZ POPI!... ALORS TU VOIS... HEU...
AH?
VLOM!
?!!
!
399 B.
AH! C'EST MALIN!... JE T'AVAIS BIEN DIT DE NE PAS LE LANCER SI FORT! OÙ EST-IL, MON "DECK TENNIS" MAINTENANT?!
MAIS ENFIN, QUOI?!! C'EST TOI QUI NE L'AS PAS BIEN ATTRAPÉ!... ON VA LE RETROUVER, TON "DECK TENNIS". IL NE DOIT PAS ÊTRE LOIN!
HAHAHA! TU PEUX DIRE QU'IL TOMBE DU CIEL, CE COLLIER! TU ES PARFAIT COMME ÇA! VIENS, JE T'INVITE, MON VIEUX TATACHE!
Roba

Gardien de brute

BON. PETIT LOUIS SERA MON GARDIEN DE BUT. MAIS QUI C'EST QUI GARDERA TON BUT À TOI ?
BEN...
HÉLA, HÉLA ! JE SAIS QUE LES CHIENS FONT DE BONS GARDIENS, MAIS TOUT DE MÊME !
ÉCOUTE. TU VEUX BIEN ÊTRE MON GARDIEN DE BUT, HEIN?... TU SAIS, C'EST UN POSTE TRÈS IMPORTANT, C'EST LUI QUI EMPÊCHE L'ADVERSAIRE DE MARQUER. IL DOIT ÊTRE VIF, AGILE, COURAGEUX, ET NE PAS HÉSITER À PLONGER DANS LES PIEDS D'UN JOUEUR POUR LUI PRENDRE LA BALLE ! UNE VEDETTE, QUOI
COMMENT REFUSER APRÈS ÇA?
QUOI? C'EST TON CHIEN QUI SERA TON GARDIEN DE BUT?
MAIS OUI !... VA DANS TON GOAL, BILL, ET N'OUBLIE PAS CE QUE JE T'AI DIT !
OUI, OUI, UNE VEDETTE !
COMME TU VOUDRAS ! ON COMMENCE.
400 A.
POUF PASSE JOLIMENT BOULE, DÉMARRE LE LONG DE SA LIGNE. MAIS BOULE LUI REPREND LE BALLON ET TRAVERSE LA LIGNE MÉDIANE DU TERRAIN...
... BOULE TIRE DE LOIN ET PETIT LOUIS ARRÊTE LA BALLE !... LE DÉGAGEMENT ARRIVE À POUF, QUI AMORTIT, SE RETOURNE ET FONCE VERS LE BUT ADVERSE !...
EH MAIS !... LE BUT ADVERSE, C'EST MOI, ÇA !!
BILL ! ATTENTION !... IL VA TIRER !... PLONGE DANS LES PIEDS ! PLONGE !
GRRRWAF ! GRROAGN ! AAIIIE !
PENALTY !
BEN, QUOI ?... JE N'AI FAIT QUE LUI PLONGER DANS LES PIEDS ! HEU... LES MOLLETS AUSSI, M'ENFIN...
Roba
400 B.

As-tu compté les étoiles ?

TU DOIS FAIRE UNE RÉDACTION SUR LES ÉTOILES?... MAIS C'EST UN TRÈS BEAU SUJET, ÇA!... POURQUOI N'IRAIS-TU PAS DEHORS LES CONTEMPLER?... RIEN DE TEL POUR L'INSPIRATION!
TOUT ÇA, C'EST TRÈS JOLI, MAIS QUAND IL N'Y A PAS D'ÉTOILES, QU'EST-CE QU'ON FAIT?
RIEN À FAIRE, LE CIEL EST BOUCHÉ!
ZÉRO ÉTOILE = ZÉRO POUR MA RÉDACTION. MAIS JE NE VAIS TOUT DE MÊME PAS PASSER LA NUIT À ATTENDRE QUE LE CIEL SE DÉGAGE!
ET MOI, SI JE RESTE ENCORE DEUX MINUTES, JE SENS QUE ÇA VA ME PRENDRE!
401 A.
WOOUUUUUUU!
BILL! QU'EST-CE QUI TE PREND?
JE LE SAVAIS!... SI J'AI LE MALHEUR, LE SOIR, DE REGARDER LE CIEL, LE NEZ EN L'AIR, Y A PAS... ÇA ME PREND!
WAOUUUWAOUUUUUU!
HOLÀ, DIS... HO!... COMMENT VEUX-TU QUE LE CIEL SE DÉGAGE SI TU TE METS À HURLER COMME ÇA?... ET PUIS IL Y A LES VOISINS! TU SAIS L'HEURE QU'IL EST?
C'EST PLUS FORT QUE MOI! ÇA DOIT REMONTER À L'ÉPOQUE OÙ MES ANCÊTRES ÉTAIENT LOUPS!
WAWAOUUWOUU!
BLAM!
TU SAIS, PAPA, TON IDÉE ÉTAIT FORMIDABLE!... LE CIEL S'EST SUBITEMENT DÉGAGÉ, ET J'AI MÊME TROIS SUJETS POUR MA RÉDACTION : LES ÉTOILES, LES CLOCHES ET LES PETITS OISEAUX!
?
401 B.

Du chat dans la gorge

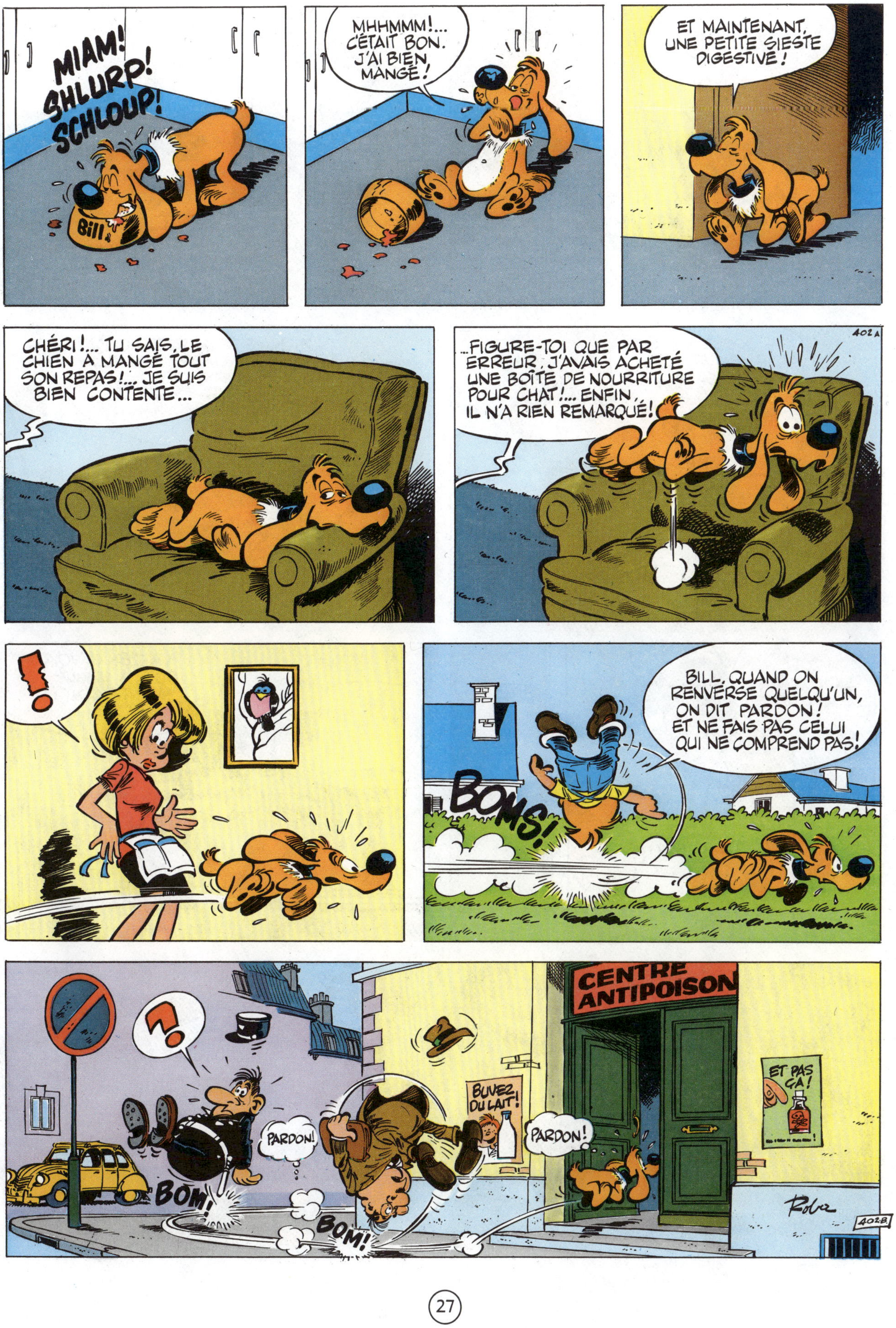
MIAM! SHLURP! SCHLOUP!
BILL
MHHMMM!... C'ÉTAIT BON. J'AI BIEN MANGÉ!
ET MAINTENANT, UNE PETITE SIESTE DIGESTIVE!
CHÉRI!... TU SAIS, LE CHIEN A MANGÉ TOUT SON REPAS!... JE SUIS BIEN CONTENTE...
...FIGURE-TOI QUE PAR ERREUR, J'AVAIS ACHETÉ UNE BOÎTE DE NOURRITURE POUR CHAT!... ENFIN, IL N'A RIEN REMARQUÉ!
402 A
!
BILL, QUAND ON RENVERSE QUELQU'UN, ON DIT PARDON! ET NE FAIS PAS CELUI QUI NE COMPREND PAS!
BOMS!
?
PARDON!
BOM!
BOM!
BUVEZ DU LAIT!
PARDON!
CENTRE ANTIPOISON
ET PAS ÇA!
Roba
402 B

Tel père, tel chien

AÏE ! ELLE ROULE SOUS LE FAUTEUIL !
HAHAHAHA !
DIS, BOULE, VIENS VOIR LE CHIEN QUI CHERCHE SA BALLE...
NON, MAIS REGARDE-MOI ÇA !... AS-TU DÉJÀ VU POSITION PLUS RIDICULE ?... IL N'Y A QUE LES COCKERS POUR EN AVOIR DE PAREILLES !... HAHA !
403 A
AH, ZUT ! MON BOUTON DE MANCHETTE !
VA-T'EN SAVOIR OÙ IL A ROULÉ, MAINTENANT !
Roba
403 B.

Père et mer

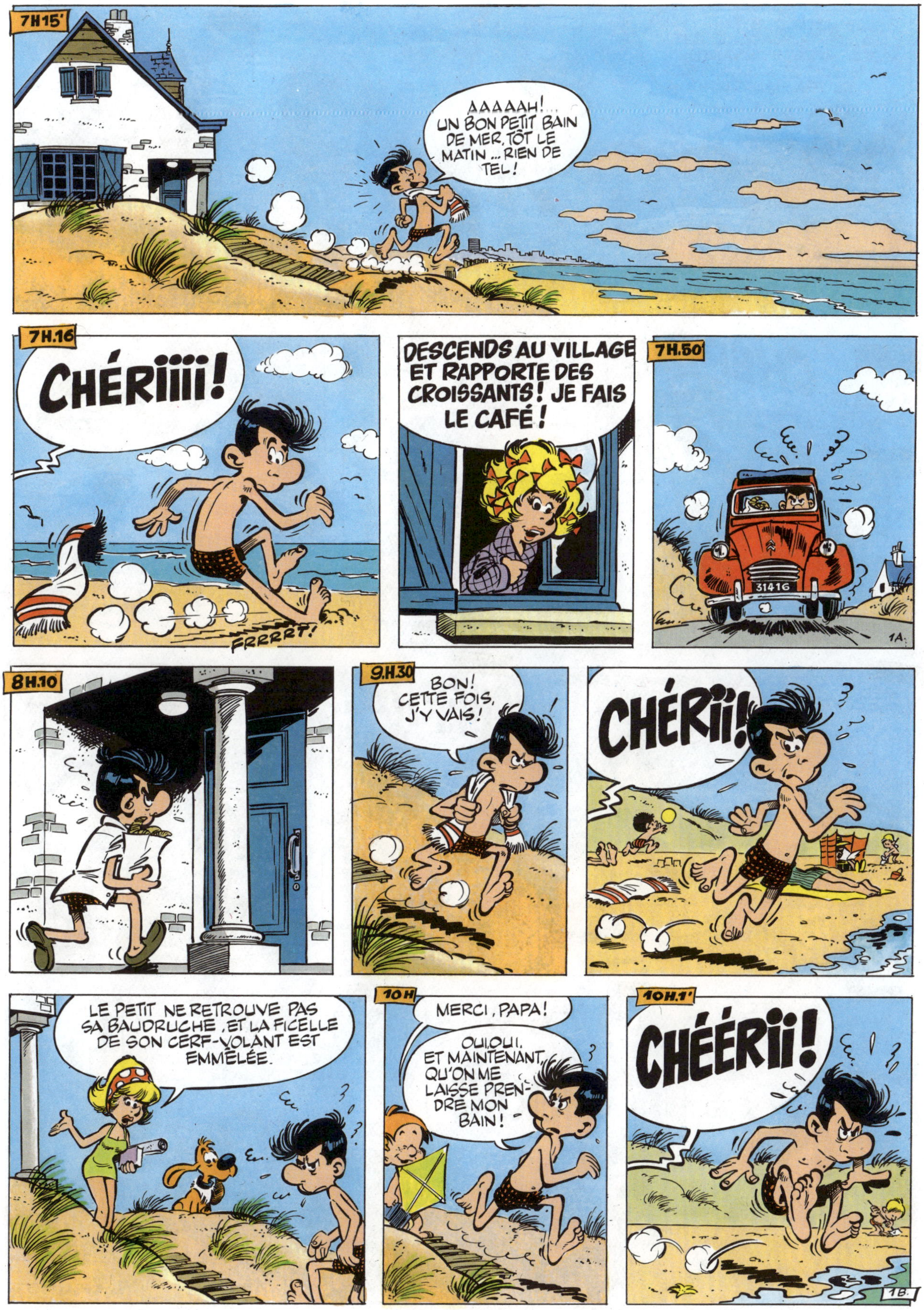
7H15'
AAAAAH!... UN BON PETIT BAIN DE MER, TÔT LE MATIN ... RIEN DE TEL!
7H.16
CHÉRIiiii!
FRRRRT!
DESCENDS AU VILLAGE ET RAPPORTE DES CROISSANTS! JE FAIS LE CAFÉ!
7H.50
31416
1A.
8H.10
9.H.30
BON! CETTE FOIS, J'Y VAIS!
CHÉRii!
LE PETIT NE RETROUVE PAS SA BAUDRUCHE, ET LA FICELLE DE SON CERF-VOLANT EST EMMÊLÉE.
10H
MERCI, PAPA!
OUI,OUI, ET MAINTENANT, QU'ON ME LAISSE PREN-DRE MON BAIN!
10H.1'
CHÉÉRii!
1B.

BOULE ME DIT QUE TA CAPACITÉ THORACIQUE EST ASSEZ IMPRESSIONNANTE. ALORS SOIS GENTIL, GONFLE-LUI SA BAUDRUCHE
MOUAIS! DONNE.
10H.9'
PFFFFF! PFFFF! PFFF!
10H22'
CHÉRIiiii!
PFFFFF!
QUOI?
ARRÊTE! TU FAIS PEUR AU CHIEN!
PSSCHHHT
HÉ!
KAÏ!
PSSSCHHHT
2 A
11 H.
MERCI, PAPA!
TOUT COMPTE FAIT, JE VAIS JOUER AVEC MON CERF-VOLANT.
JE VAIS PRENDRE MON BAIN! JE VEUX PRENDRE MON BAIN!
SNIF!
11H.03."
CHÉRIiiii!
NON!
J'AI PENSÉ QU'AVEC CE BEAU SOLEIL, TU POURRAIS FAIRE UNE JOLIE PHOTO DE NOUS TROIS!
BEN, VOYONS! JE SUIS LÀ POUR ÇA, PAS VRAI?
11H.5'
BON, VOUS Y ÊTES?
CHÉRI, ATTENDS, IL Y A UN NUAGE!
BILL! CESSE DE TE GRATTER!
OH! OUI, UN GROS!
11H.18'
REVOILÀ LE SOLEIL, PAPA!... VAS-Y!
OH! MON DIEU! CHÉRIii!
CLIC!
11H.23'
ÇA, C'EST TROP DRÔLE, QU'ELLE A DIT!... IL N'Y A PAS DE FILM DANS L'APPAREIL, QU'ELLE A DIT!... VA LE CHERCHER, IL SE TROUVE DANS LE HAUT DE L'ARMOIRE, SOUS LA PILE DE LINGE, QU'ELLE A DIT!
Roba
2 B.

12H
J'AI ÉTÉ CHERCHER DES CROISSANTS, J'AI GONFLÉ UNE SATANÉE BAUDRUCHE, J'AI PHOTOGRAPHIÉ TOUTE LA FAMILLE... MAINTENANT... MON BAIN!
CHÉRIIII!
VIITE, CHÉRI!... FAIS QUELQUE CHOSE! SON CERF-VOLANT EST ACCROCHÉ À LA CHEMINÉE DE LA MAISON!
OUIN!
OUI, OUI, OUI! J'Y VAIS!
12H30'
12H45'
VAIS-JE, OUI OU NON, ENFIN POUVOIR PRENDRE MON BAIN, SAPRISTI?
3A.
CHÉÉRIII!
QUOI ENCORE?
CHÉRI!... BOULE! BILL!... ALLONS, VENEZ DÉJEUNER!
VIENS, PAPA! J'AI FAIM!
J'ESPÈRE QU'IL Y AURA DES SOLES "MEUNIÈRE"!
14,30'
CETTE FOIS, À LA FLOTTE! SAPERLIPOPETTE!
CHÉRIIII!
TU ES D'UNE IMPRUDENCE! ET TA DIGESTION? TU DOIS ATTENDRE ENCORE DEUX HEURES AVANT D'ALLER NAGER!
16H.
PROFITONS-EN, TANT QU'ON NE M'APPELLE PAS!
ÇA MARCHE! ÇA MARCHE! HOP! AU BAIN!
HO! PARDON, PETIT!
SPLOF!
3B.

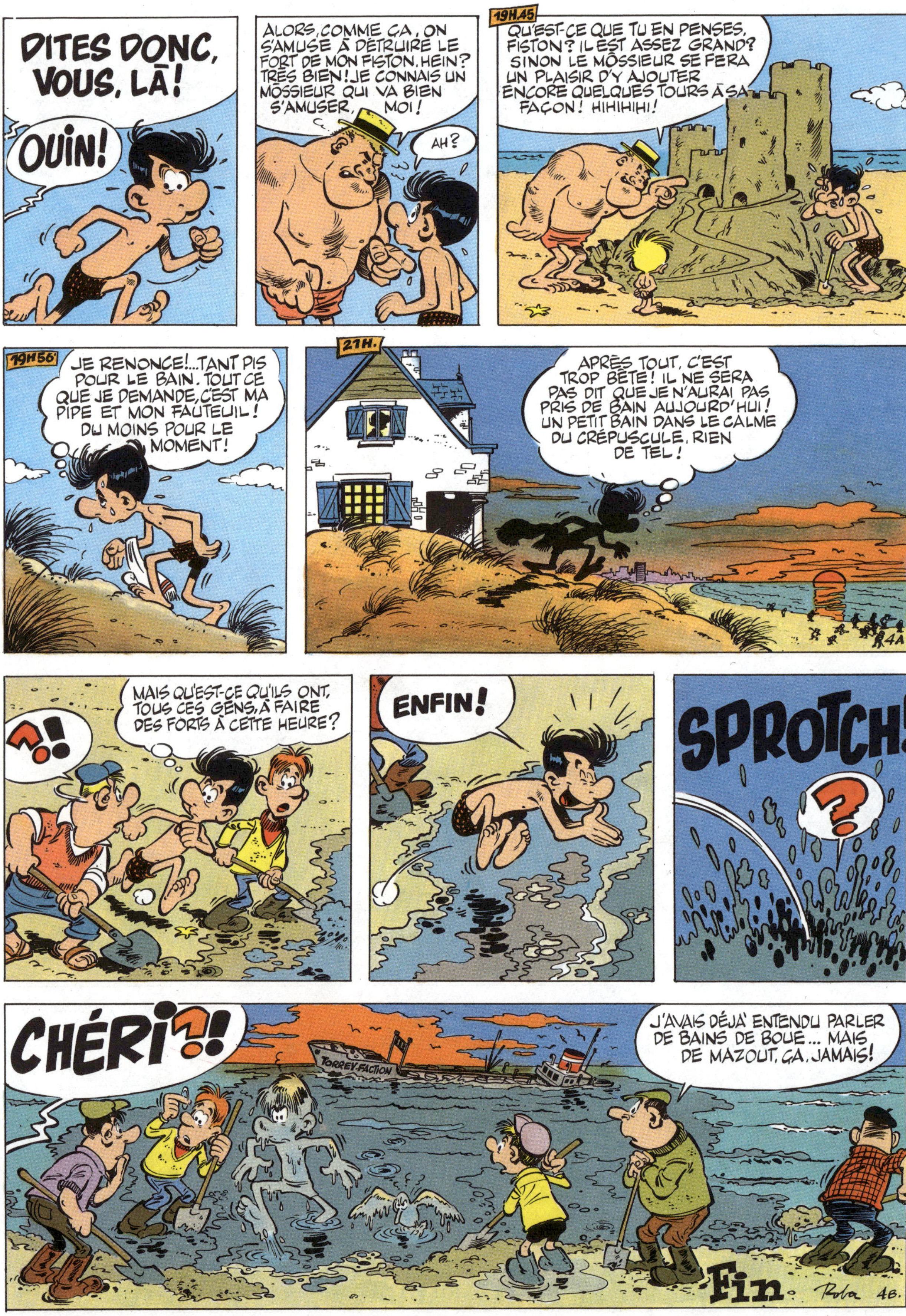
DITES DONC, VOUS, LÀ!
OUIN!
ALORS, COMME ÇA, ON S'AMUSE À DÉTRUIRE LE FORT DE MON FISTON, HEIN? TRÈS BIEN! JE CONNAIS UN MÔSSIEUR QUI VA BIEN S'AMUSER, MOI!
AH?
19H.45
QU'EST-CE QUE TU EN PENSES, FISTON? IL EST ASSEZ GRAND? SINON LE MÔSSIEUR SE FERA UN PLAISIR D'Y AJOUTER ENCORE QUELQUES TOURS À SA FAÇON! HIHIHIHI!
19H56
JE RENONCE!...TANT PIS POUR LE BAIN. TOUT CE QUE JE DEMANDE, C'EST MA PIPE ET MON FAUTEUIL! DU MOINS POUR LE MOMENT!
21H.
APRÈS TOUT, C'EST TROP BÊTE! IL NE SERA PAS DIT QUE JE N'AURAI PAS PRIS DE BAIN AUJOURD'HUI! UN PETIT BAIN DANS LE CALME DU CRÉPUSCULE, RIEN DE TEL!
?!!
MAIS QU'EST-CE QU'ILS ONT, TOUS CES GENS, À FAIRE DES FORTS À CETTE HEURE?
ENFIN!
SPROTCH!
?
CHÉRI?!!
TORREY-FACTION
J'AVAIS DÉJÀ ENTENDU PARLER DE BAINS DE BOUE... MAIS DE MAZOUT, ÇA, JAMAIS!
Fin
Roba 48.

"Doggy-talkie"

BILL, TU AS VU CE QUE J'AI? ON VA S'AMUSER AVEC ÇA!...
CES PETITES BOÎTES S'APPELLENT DES "WALKIE-TALKIES"... ÇA PERMET DE SE PARLER À DISTANCE. C'EST FORMIDABLE!... TU VAS VOIR, J'EN ACCROCHE UN À TON COLLIER...
?
MAINTENANT JE VAIS ALLER ME BALADER DANS LE QUARTIER. RESTE LÀ, JE T'APPELLERAI. ET TU ENTENDRAS MA VOIX DANS LA PETITE BOÎTE!
J'AIME PAS BEAUCOUP CE BIDULE!
WAF!... BILL! VITE!... LA CAMIONNETTE DU BOUCHER S'EST RENVERSÉE AU CARREFOUR!... LE BOUCHER N'A RIEN. MAIS L'AVENUE EST PLEINE DE VIANDE! TU VIENS? TOUS LES COPAINS Y SONT DÉJÀ!... ALLEZ, SALUT! J'Y VAIS!
C'EST VRAI?... J'ARRIVE!
404 A
AH! OUI, MAIS... JE NE PEUX TOUT DE MÊME PAS Y ALLER AVEC CE FICHU ENGIN!... D'UN AUTRE CÔTÉ, JE DOIS LE METTRE EN LIEU SÛR. BOULE A L'AIR D'Y TENIR!
QUE FAIRE? QUE FAIRE?... OH! MAIS... JE L'AI, LA SOLUTION! MAIS OUI, ET AINSI JE SUIS CERTAIN DE LE RETROUVER INTACT À MON RETOUR! ET HOP!
PEU APRÈS..
BILL! C'EST MOI!... JE SUIS LÀ! MAIS OUI, DANS LA PETITE BOÎTE! VIENS ME CHERCHER, BILL, VIENS!
BOUUULE...
¡¡¡¡¡¡¡¡!
ALLONS, MA CHÉRIE, ALLONS!... ÇA... ÇAR... GARDONS NOTRE SANG-FROID!... IL DOIT Y AVOIR UNE EXPLICATION!!
Roba
404 B.

Œil pour œil

TRALALA TRALALÈERE... POMPOM
BONJOUR, CHÈRE MADAME!.. BELLE JOURNÉE, N'EST-CE PAS?
POMPOM POM!
B... BONJOUR, HEU... OUI.
AH! LA VIE EST BELLE! DEMAIN J'AI CONGÉ... J'AI UNE AUGMENTATION!... J'AI...
405 A
... UNE GENTILLE ÉPOUSE... J'AI UN BRAVE PETIT GARÇON...
J'AI... ?
!
...ET J'AI UN JOYEUX PETIT COCKER!
Roba
405 B.

Il court, il court...

BILL! ICI!
WAFWAFWAFWAFWAF WAF!
BVRRROUM
TU M'ENTENDS? REVIENS, JE DIS!!
WAFWAFWAFWAFWAFWAFWAFWAF!
BRRRROUM
406 A.
AHLALA! IL EST INCORRIGIBLE!... UN JOUR OU L'AUTRE, AVEC SA MANIE DE COURIR DERRIÈRE TOUT CE QUI ROULE, IL AURA UN ACCID...
?!!
WAFWAFWAFWAFWAF
HÉ!...HEP! M'SIEUR! HEP!
GLACES
Roba
406 B.

Nom d'une pipe !

ET QUELLE EST LA PREMIÈRE CHOSE À FAIRE QUAND ON JOUE AUX INDIENS? HEIN? HEIN?...
... SE PROCURER UNE HACHE DE GUERRE ET UN CALUMET DE LA PAIX !... C'EST UNE SORTE DE PIPE... ATTENDS, J'AI MON IDÉE !
VOILÀ, LA HACHE, JE L'AI FAITE MOI-MÊME... LA PIPE, C'EST LA PIPE À PAPA !
DÉPOSONS ÇA AVEC PRÉCAUTION ; CE SONT DES OBJETS SACRÉS CHEZ LES INDIENS !
MAINTENANT ON VA ENTERRER LA HACHE DE GUERRE ET FUMER LE CALUMET DE LA PAIX !
MAIS NON ! FAUT DÉTERRER LA HACHE DE GUERRE !
COMMENT ÇA ?
POUR POUVOIR L'ENTERRER APRÈS, IL FAUT D'ABORD LA DÉTERRER !
L'ENTERRER !
LA DÉTERRER !
L'ENTERRER !
LA DÉTERRER !
BOULE !... EST-CE TOI QUI AS PRIS MA PIPE ?
TA... TA PIPE ?... HEU... OUI... JE L'AI ICI... HEU...
LE MALUCET !... LE CAMULET !... LA PIPE ?!! OÙ EST-ELLE ?!?
BEN, J'AI TOUT ENTERRÉ ! C'EST PAS CE QUE VOUS VOULIEZ ?
MA MEILLEURE PIPE !!... JE NE SAIS PAS CE QUI ME RETIENT DE VOUS COLLER UNE HEURE DE DANSE INDIENNE SUPPLÉMENTAIRE !
MOI QUI CROYAIS RENDRE SERVICE !

Non de non !

ALORS QUOI?... TU NE JOUES PLUS AUX INDIENS AVEC MOI?
NON!
NON ET NON!... ON N'A QUE DES ENNUIS! D'AILLEURS, LES INDIENS ONT TOUJOURS EU DES ENNUIS!... ET PUIS J'AI PERDU MA PLUME!
TANT MIEUX! TU POURRAS JOUER AU BLANC-PRIS-PAR-LES-INDIENS-ET-ATTACHÉ-AU-POTEAU-DE-TORTURE!
AH NON!
TU NE VEUX VRAIMENT PAS?... BIEN SÛR, C'EST POUR RIRE!
J'AI PAS ENVIE DE RIRE!
408A
BILL!
NON ET NON!
CENT FOIS NON!
CES HISTOIRES D'INDIENS, ÇA TOURNE TOUJOURS MAL!
ET QUAND JE DIS NON, C'EST NON!
YOUYOU YOU!
Roba
408B.

Le grand match

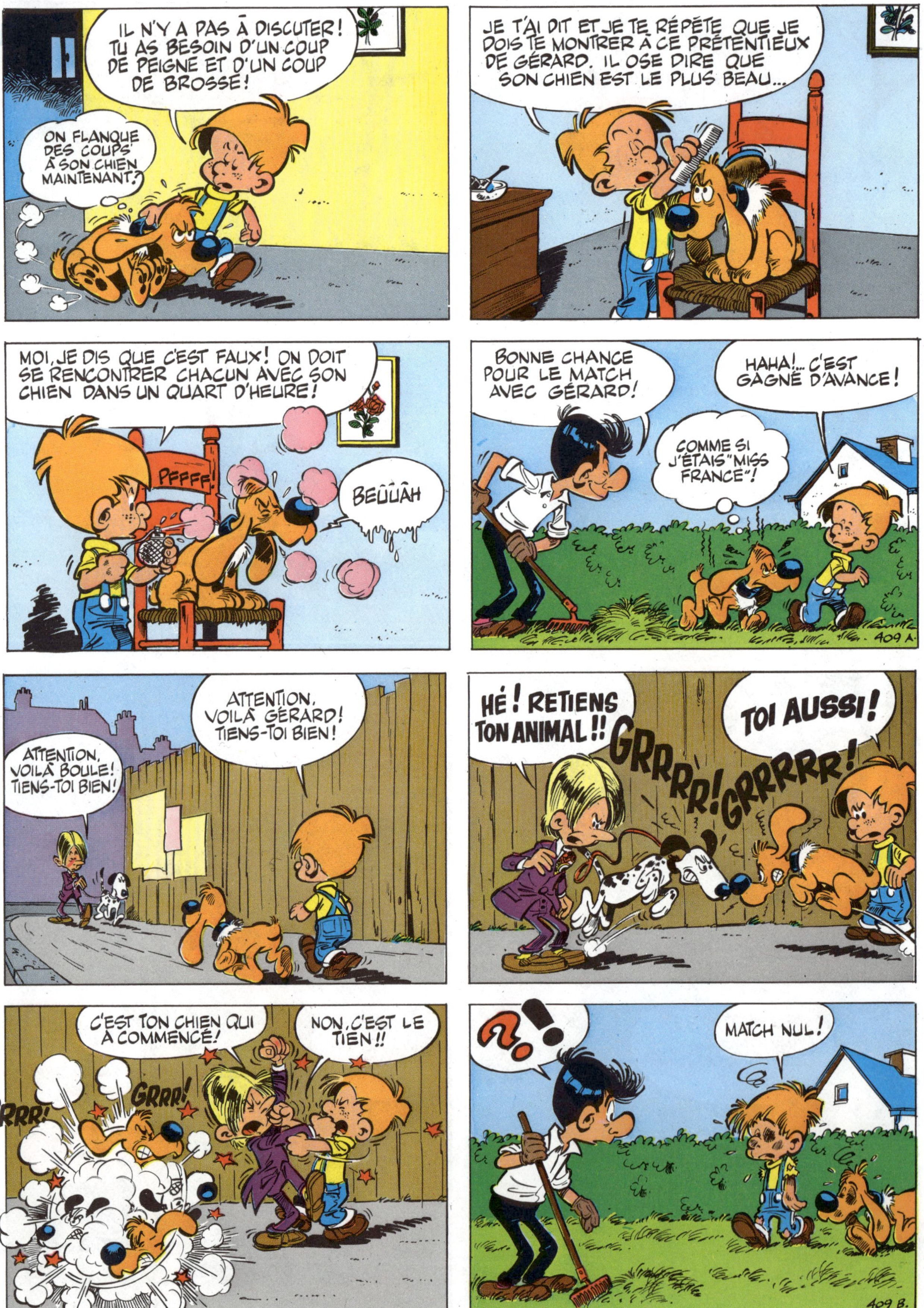
IL N'Y A PAS À DISCUTER! TU AS BESOIN D'UN COUP DE PEIGNE ET D'UN COUP DE BROSSE!
ON FLANQUE DES COUPS À SON CHIEN MAINTENANT?
JE T'AI DIT ET JE TE RÉPÈTE QUE JE DOIS TE MONTRER À CE PRÉTENTIEUX DE GÉRARD. IL OSE DIRE QUE SON CHIEN EST LE PLUS BEAU...
MOI, JE DIS QUE C'EST FAUX! ON DOIT SE RENCONTRER CHACUN AVEC SON CHIEN DANS UN QUART D'HEURE!
PFFFF!
BEÛÛÂH
BONNE CHANCE POUR LE MATCH AVEC GÉRARD!
HAHA!... C'EST GAGNÉ D'AVANCE!
COMME SI J'ÉTAIS "MISS FRANCE"!
409 A.
ATTENTION, VOILÀ BOULE! TIENS-TOI BIEN!
ATTENTION, VOILÀ GÉRARD! TIENS-TOI BIEN!
HÉ! RETIENS TON ANIMAL!!
TOI AUSSI!
GRRRR! GRRRRR!
C'EST TON CHIEN QUI A COMMENCÉ!
NON, C'EST LE TIEN!!
GRRR!
GRRR!
?!
MATCH NUL!
409 B.

Coin de page

BOULE! JE VOUDRAIS QUE TU AILLES ME CHERCHER MON JOURNAL.
OUI, P'PA, J'Y VAIS!
PEU APRÈS.
HÉ! SALUT, BOULE!
BONJOUR, POUF!
C'EST PRATIQUE, DIS DONC, D'AVOIR UN CHIEN QUI PORTE LE JOURNAL, COMME ÇA.
OUI, MAIS IL AIME ÇA, TU SAIS!
ET SI JE LE LUI DEMANDAIS, CROIS-TU QU'IL ME LE DONNERAIT?
ESSAYE POUR VOIR, MAIS J'EN DOUTE!
410 A.
DONNE LE JOURNAL, MON CHIENCHIEN!
ALLONS, DONNE!
!
?
CRRAC!
PLUS TARD.
410 B.
Roba

Eternel retour

HOP!
?
TU AS VU?... TU SAIS CE QUE C'EST?... UN BOOMERANG... ÇA VIENT D'AUSTRALIE. C'EST FORMIDABLE! REGARDE BIEN...
SNIF
QUAND ON LE LANCE BIEN, COMME LES INDIGÈNES D'AUSTRALIE ET COMME MOI, IL REVIENT!... COMME ÇA!...
MAIS NON!... N'ESSAYE PAS DE L'ATTRAPER! ATTENDS!
WAF! WAF!
411 A
HAHAHA!... PAUVRE BILL! IL ESSAYE DE L'ATTRAPER ET IL IGNORE QUE ÇA REVIENT DANS LA MAIN DU LANCEUR!
?
HAHAHAHA!
BOM!
BEN, VRAI!... MOI QUI VOULAIS FAIRE UNE DÉMONSTRATION!... JE NE L'AI VRAIMENT PAS VU REVENIR, CE BOOMERANG!
411B.
Roba

Curieuse histoire

HÉ, LÀ!
SNIF?
SNIF?
TU SAIS, JE CROIS QUE BILL A UN VILAIN DÉFAUT!
AH, OUI? QUOI DONC?
LA CURIO-SITÉ!
MAIS NON, MAIS NON! CHEZ LES CHIENS, CE N'EST PAS DE LA CURIOSITÉ.
SNIF?
412 A
DISONS PLUTÔT QUE C'EST DE L'INSTINCT...
?
... TOUS LES CHIENS FONT...
?
PLOUF!
?!
?
COIN! COIN! COIN!
SNIF?
Roba
SCÉNARIO: Franquin 412 B.

Boule et billes

DONC, TOUTES LES BILLES PROJETÉES HORS DU CERCLE SONT POUR CELUI QUI LES A MISES DEHORS... POUR TOUJOURS HEIN ?... HAHA ! TU VAS VOIR, J'AI UN TIR TERRIBLE !
BILL !... JE T'AI VU, VOLEUR !... REMETS CETTE BILLE IMMÉDIATEMENT OÙ TU L'AS PRISE !
413 A
!
PTOUH !
CLAC
?!!
OUIN !
D'ACCORD, CE SONT TES BILLES ! D'ACCORD IL NE PARTICIPAIT PAS AU JEU... MAIS AVEC UN TIR PAREIL, IL LES MÉRITE, NON ?
Roba
413 B

Y a un truc !

DIS, PAPA... BILL... C'EST UN CHIEN DE CHASSE !
MM...OUAIS !... QUE JE RÉFLÉCHISSE... OUI ! ON DOIT L'AVOIR DE CETTE FAÇON.
JE FILE JUSQU'AU MAGASIN DE JOUETS.
PLUS TARD...
NON ! C'EST PAS VRAI !
DANS MA PROPRE MAISON !
GRRR !
414A
ÇA NE VA PAS TRAÎNER !
EN AVANT !
SPLATCH !
SAVON... GANT DE CRIN...
CLAC
POUR ÊTRE EU, J'AI ÉTÉ EU !
C'EST DÉGOÛTANT D'INVENTER DES TRUCS PAREILS !
QUI VA À LA CHASSE PERD SA CRASSE !
Roba
SC: TILLIEUX
414B

Entre os et ciel

BILL! ICI!
BILL! OBÉIS À PAPA!
WAF! WAF!
OH! ÇA SUFFIT COMME ÇA! DU BALAI! RETOURNE CHEZ PAPA!
WAF! WAF!
WOUF! GRWAF!
BON, J'AI COMPRIS!
BOUCHERIE
COMME LE DIT MON PÈRE QUAND MA MÈRE N'EST PAS LÀ : FAUT SAVOIR FAIRE DES SACRIFICES POUR AVOIR LA PAIX!
415 A
POC!
HÉ?!!
MAIS NON, JE NE SUIS PAS UN ASSASSIN!... JE VOUS JURE QUE JE N'AI PAS VOULU ÇA MONSIEUR. JE VOUS LE JURE!
BILL! DESCENDS! RAPPORTE IMMÉDIATEMENT CES BALLONS!
SIX BALLONS À 0,50 F, PLUS UN FRANC DE BÂTON. VOUS ME DEVEZ 4 F.!
JE VOUDRAIS BIEN, MOI! CE N'EST PAS UN ENDROIT POUR RONGER UN OS!
Sc: TILLIEUX.
416 B.

Psychose

C'EST GRAVE, DOCTEUR ?
PENSEZ-VOUS! UN PEU D'ECZÉMA! SUPPRIMEZ-LUI LES OS PENDANT UN MOIS OU DEUX.
J'AI DU FLAIR... EH BIEN, LES VÉTÉRINAIRES, JE NE PEUX PAS LES SENTIR!
PLUS TARD.
DIS, PAPA, TU ME FAIS RÉCITER MA LEÇON DE SCIENCES?
JE SUPPOSE QU'IL N'Y A PAS MOYEN DE FAIRE AUTREMENT.
C'EST BON, LES OS!
NON, NON! C'EST MAUVAIS POUR MA SANTÉ! JE VEUX OUBLIER JUSQU'AU MOT OS!
Z
Z
BON! QUELS SONT LES OS DU CRÂNE?
L'OS FRONTAL... L'OS PARIÉTAL...
ET APRÈS?...
HEU... L'OS... L'OS... L'OS TEMPORAL... L'OS NAVAL.
416 A
L'OS NAVAL! HAHAHA! C'EST LA MEILLEURE! ET IL APPELLE ÇA CONNAÎTRE UNE LEÇON! L'OS NAVAL!
NASAL! L'OS NASAL! DU NEZ, QUOI! L'OS NASAL!
GRRÔAF!
CHÉRIE! VIENS UN PEU VOIR TON CHIEN! IL M'INQUIÈTE!
SCRATCH!
SCRATCH!
ARGN
GRRAF!
GRROAF
Rola
SC: TILLIEUX.
416 B.

Les héros sont effrayés !

ALBERT !... AH ! BEN, ÇA ALORS ! POUR UNE SURPRISE !
BON DIEU, D'BON DIEU ! C'EST PAS VRAI !?
SACRÉ ALBERT, VA !... ÇA FAIT LONGTEMPS, HEIN ?... HAHAHA !
4e PELOTON 5e COMPAGNIE !... ON AVAIT VINGT ANS, MON VIEUX !
PAF
PAF
SI, SI, J'INSISTE. J'HABITE À DEUX PAS. ON PARLERA DU BON VIEUX TEMPS !
HA.HA !... ON ÉTAIT DEUX FAMEUX GAILLARDS EN CE TEMPS-LÀ !
LES DURS DE LA 5e QU'ON NOUS APPELAIT !... LES AS DE LA GRENADE
TU TE RAPPELLES, AUX MANOEUVRES, CES GRENADES TOMBÉES DANS NOTRE TRANCHÉE ? HA ! HA ! LA TÊTE DU SERGENT QUAND ON LES A RELANCÉES EN PLEIN DANS SA GAMELLE... AH ! ON N'AVAIT PAS FROID AUX YEUX, NOUS !
417 A
ON LES DÉGOUPILLAIT AVEC LES DENTS, ET ON S'AMUSAIT À JONGLER AVEC COMME SI C'ÉTAIT DES OEUFS DURS !
OUAIS, DES DURS QU'ON ÉTAIT !
ALBERT !... TU... TU VOIS CE... CE QUE JE VOIS ?!? LÀ, DANS LA PELOUSE !
UNE GRENADE
UNE A.MX ! MODÈLE MILLS 912 MODIFIÉ 39 ! JE CONNAIS CES ENGINS-LÀ ! ÇA FAIT DU DÉGÂT !
PLANQUONS-NOUS !
TIENS !... BONJOUR, P'PA ... M'SIEUR !... TU AS VU CAROLINE ? JE L'AI REÇUE D'UN COPAIN... ELLE A TENDANCE À S'ENFOUIR POUR DORMIR... MAIS !?... POURQUOI TU TE COUCHES COMME ÇA AVEC LE MONSIEUR ?
HÉ LÀ !? ON CHERCHE MES OS ?!
417 B.